AF308323

Rogaciano Huizar

Buscando a Dios

Rogaciano Huizar

Buscando a Dios

Una aventura de vida que transformará tu forma
de vivir

CREDO EDICIONES

Imprint
Any brand names and product names mentioned in this book are subject to trademark, brand or patent protection and are trademarks or registered trademarks of their respective holders. The use of brand names, product names, common names, trade names, product descriptions etc. even without a particular marking in this work is in no way to be construed to mean that such names may be regarded as unrestricted in respect of trademark and brand protection legislation and could thus be used by anyone.

Cover image: www.ingimage.com

Publisher:
CREDO EDICIONES
is a trademark of
Dodo Books Indian Ocean Ltd. and OmniScriptum S.R.L publishing group

120 High Road, East Finchley, London, N2 9ED, United Kingdom
Str. Armeneasca 28/1, office 1, Chisinau MD-2012, Republic of Moldova, Europe
Printed at: see last page
ISBN: 978-613-6-23858-6

Buscando a Dios.

Buscando a Dios, Colibrí descubre los SECRETOS del éxito total. Los principios para desarrollar los PODERES OCULTOS del ser humano.

Autor: Rogaciano Huízar Domínguez.

Agradecimientos:

Agradezco al Supremo Padre-Madre por todas las bendiciones y cuidados, porque he salido ileso de los múltiples peligros que he enfrentado en la vida y siempre de alguna manera salgo victorioso y más rico en el sentido verdadero.

A mis padres por forjarme con temple para alcanzar mis metas.

AL LECTOR.

Buscando a Dios es un libro al mismo tiempo sencillo y profundo, en sus líneas escritas casi en el habla cotidiana encierra conceptos desconocidos para la generalidad, profundidades que escapan a los no acostumbrados a reflexionar.

Pero así como la Verdad está a la vista de todos y pasa desapercibida para la mayoría, asimismo este libro será leído, más solamente los ojos abiertos y el espíritu despierto podrán captar sus mensajes.

La Verdad como la luz debe ser puesta en lo alto para iluminar, ese es el propósito de este libro, servir, sobre todo cumplir con el deber de todo constructor del bien, contribuir con su esfuerzo en la Obra Divina.

El mundo se nos muestra en forma tan evidente ante nuestros ojos que no tenemos ninguna duda de que es como lo percibimos, sin sospechar siquiera que muchas veces vamos persiguiendo ilusiones, quimeras, fantasías, pensando que son cosas sólidas y valiosas.

Este libro es no un cuento o novela sino una experiencia de vida que espera iluminar a quien con espíritu analítico quiera progresar verdaderamente y llegar a encontrar la verdadera riqueza y felicidad para la que fuimos hechos.

Fraternalmente

La Grande y Antigua Fraternidad Ometecutli.
Inteligencia y valor al servicio de Dios.

Introducción.

Este libro es la historia de una vivencia personal, de la búsqueda de la razón de ser, de vivir. Es la evolución de un alma que como la mayoría se encontraba inmersa en la oscuridad de las apariencias, de los falsos conceptos, atrapada por la ilusión de la materialidad que se nos muestra como algo real y sólido.

Empieza donde otros simplemente nunca llegan, cuestionándose sobre las razones del vivir, la validez de las riquezas que son perseguidas por la generalidad, y casi termina donde otros apenas empiezan; en plena adolescencia.

Tenaz y perseverante nuestro personaje busca por espacio de veinte años hasta encontrar la respuesta que tanto persiguió, para encontrar que realmente había valido la pena el esfuerzo y la paciencia.

Fue necesario leer mucho, reflexionar, pero sobre todo vivir y tener la humildad para estar atento y aprender incluso de los errores y los fracasos, de ser sólido en la lealtad aún en medio de la adversidad.

Tener principios y cultivar constantemente la virtud, ser autocrítico sin caer en la autoflagelación, saber los límites pero también tener confianza en sus potencias.

Muchas vidas empiezan aquí y ahora y otras simplemente inician en algún tiempo en la oscuridad de los siglos y las dimensiones.

Algunos vienen a escribir historias, otros a leerlas y los más simplemente a estar. Sin más preámbulos vayamos a nuestro relato de una vida casi igual a cualquier otra, a una búsqueda que algunos emprenden y a la cual difícilmente se llega.

El Autor.

CAPITULO I

Las nubes engalanadas con sus trajes escarlata despiden al sol que
plácidamente se oculta en el horizonte.

Los pájaros melancólicamente buscan su nido y los rizos de las olas
reflejan fulgores de oro.

Los grillos tocan bella sinfonía poniendo con sus notas un dejo de
romanticismo.

El Puerto de Manzanillo, Colima, es un lugar con espléndidas playas y
cálidas aguas que invitan a soñar y a gozar la vida.

Los cocos, diversos frutos y mariscos son una invitación al goce.
Y sin embargo como en todo lugar de la tierra los contrastes y paradojas se
manifiestan en forma constante.

En ese contexto Colibrí baila, más bien danza pero sus movimientos no son
alegres sino desesperados.

Mientras todo parece cantar a la vida Colibrí danza para recibir el beso de
la novia de todos...
La muerte.

Tétricamente se convulsiona por la asfixia que le provoca la soga de la cual
pende del techo de su habitación.

Al no encontrarle sentido satisfactorio a la vida Colibrí
decidió ponerle fin. Tan solo contaba con 13 años de edad
y ya iba de salida de este mundo.

Lentamente la oscuridad se apoderaba de sus sentidos, agonizante
empezó a recordar cómo había empezado todo;

... Como frecuentemente lo hacia ese día Colibrí caminaba disfrutando de la brisa del mar, la arena de la playa de San Pedrito suavemente acariciaba sus pies mientras sus ojos extasiados acariciaban con sumo placer el horizonte azul donde se funde el mar y el cielo.

Una de las cosas más deliciosas de este mundo es el contacto con la naturaleza, sentirse uno con ella. Al suave ronroneo de las olas Colibrí suspira y sueña.

De pronto, quien sabe cómo y porque unas preguntas le asaltaron a mansalva y sin piedad;

¿Para qué vivo?
¿Cuál es la razón por la que estoy en este mundo?
¿Tiene sentido la vida?

Su mente trato de dar respuesta a estas interrogantes pero se encontró con que no las tenía.

Así que en los siguientes días empezó a indagar donde pudo.

Luego encontró algunas respuestas que no le satisficieron... "vivimos para trabajar, tener hijos y disfrutar de la vida"

Colibrí observo a las vacas pastando y a los perros gozando y la única diferencia que noto respecto de la gente es el grado de sofisticación de lo que hacen pero en el fondo es lo mismo.

Observó que la riqueza no hacía mejor a nadie y al final de la vida todo se queda en este mundo y uno se va como vino... desnudo y solo.

La fama, los honores, el poder, son efímeros, volubles, riquezas vanas que los golpes de la fortuna pueden dar y quitar.

Pensó que tal vez el amor fuera algo sustancioso y sólido.
Miro a los novios jurándose amor eterno a la mañana y odiándose a muerte al atardecer y vio que en el mejor de los casos solo dura un poco de tiempo, en contadas ocasiones se logra la felicidad.

Miro como las rocas son reducidas a polvo por la paciencia del viento y las olas y como los siglos oscurecen todo recuerdo.

Pensó que todo es vanidad y humo, ilusión sin sentido, camino que no conduce a ningún lugar.

Luego dijo; "no quiero ser vaca, no quiero ser solo un montón de células agrupadas luchando por sobrevivir sin objetivo alguno"

Así que decidió suicidarse, hizo una carta explicando su determinación, tomó su pistola (la tenía desde los 10 años), se la puso en la sien y cuando se iba a disparar, su madre desde la cocina le llamo para que fuera a cenar.

Lo llamo para que comiera su platillo favorito, le insistió mientras Colibrí dudaba pensando en alguna razón para no hacerlo, luego pensó que no debía de darle ese dolor tan grande a sus padres suicidándose y dejo pendiente el asunto.

Pasados unos días Colibrí volvió a escribir su carta, pensó; "bueno mis padres no me consultaron para traerme a este mundo, luego, no los consultare para irme"

Tomó su pistola, pero una vez más su intención fue frustrada por uno de sus hermanos que llego a pedirle que le contara unos cuentos o que jugara con él.

Así que el asunto se pospuso hasta hoy.

Hoy no escribió carta, solo tomó una buena soga y encerrándose en su cuarto se colgó, así sin más, ahora nadie frustraría su intento.

Mientras el sol se oculta y las sombras van cubriendo el puerto de Manzanillo, la oscuridad devora la conciencia de Colibrí, que agoniza danzando... sobre el aire... mientras los grillos cantan con un dejo de tristeza.

La vida es breve, ¿qué son cien años o un segundo en el contexto de la eternidad?

Y sin embargo un segundo colgado por el cuello sintiendo llegar lentamente la muerte es toda una vida.

Colibrí filosofa por última vez mientras la muerte amorosamente lo envuelve en sus brazos.

Si, cualquier persona puede llegar a tener dinero; asesinando, asaltando, traficando, trabajando.

El dinero no te hace mejor o peor, quizá te pueda hacer peor.
El dinero no te hace inteligente, ni más alto, ni más gentil, pero si te puede hacer soberbio, orgulloso, individualista y creerte autosuficiente.

El dinero no es bueno ni malo, es solo una herramienta que debe usarse con un fin trascendente y esa era una cuestión que Colibrí no había descubierto.

Para triunfar en política observo que se debe mentir, adular, arrastrarse cual reptil, enlodarse cual cerdo y tener el cuero duro, por ello desecho el camino.

La fama es cosa loca; te encueras o te tiras de un edificio y ya tienes tu fama.

¿Honor, Gloria?
Meter un gol, ganar una carrera, ¿en qué te hace mejor?
¿Quién te rendirá honores?, seres mortales llenos de defectos y quizá sin suficiente seso.

Hombre, quizá sea bueno esforzase y luchar por tener larga vida...
¿para qué?

Sudar, sacrificarse sin desmayo para gozar de buena salud... ¿para
qué?

Precisamente, la cuestión era esa, ¿para qué?

El objetivo más allá que no ven ni buscan las multitudes, esa era la cuestión
que tenía a Colibrí pendiente de un hilo, más bien de una soga.

Las multitudes van y vienen en el océano de la vida sin rumbo y sin
destino.

Alguno llega al puerto que no busco mientras otros no salen del nido que
les vio nacer.

Otros, los menos, se trazan rutas y logran arribar a sus objetivos, solo
para ver que trabajaron por algo que no valía la pena y perdieran cosas
más importantes en el camino.

Por trabajar mucho, pierden mujer, hijos y amigos.

Por trabajar poco, pierden todo.

Vanidad de vanidades, dijo el predicador, todo es vanidad. –
Eclesiastés- Biblia.

A sus 13 años Colibrí ya le había dado un buen repaso a la Biblia buscando
respuestas, pero solo encontró confusión, sangre y contradicción.

Estaba perdido en el bosque y el paisaje estaba más allá del
alcance de sus ojos.

El túnel negro de la ignorancia velaba por completo la luz.

¿Para qué vivir?
¿Cuál es el objetivo de la vida?
¿Para qué estamos aquí?

Hace calor, en Manzanillo siempre hace calor, un calor que sofoca a veces,
pero que nos hace gozar del mar.
Las playas son hermosas, llenas de gente y olas
que van y vienen. La luna brilla como nunca, los
reflejos en el mar son hechizantes.

A lo lejos, en el rompeolas se escucha una canción.... ♪ el finaaal se acerca
ya♫, lo esperareee ♫ serenamenteee...♫♪
Colibrí a sus 13 años agoniza...

¿Para qué vivir?
¿Para qué estamos aquí?

Capítulo II
El espíritu se manifiesta.

Colibrí yace tendido en el suelo, los grillos y las cigarras cantan, el cielo luce sus galas de noche mientras un gato merodea buscando a su compañera.

La luna vestida de novia hechiza con su belleza y todos los seres nocturnos quisieran casarse con ella, a lo lejos se escucha el ladrido de un perro. También se escuchan las olas romper sobre la playa.

De pronto… Colibrí se mueve, ahí tendido en el piso... parece que no ha muerto.

Recobrada la conciencia, Colibrí observa que la cuerda está rota, limpiamente trozada como con cuchillo.

¿Cómo puede ser esto?... Esta solo en su cuarto y encerrado por dentro.

Verifica bajo la cama, no, no hay nadie, es imposible que alguien haya entrado, incluso, ni cuchillo hay en la recamara.

Un estremecimiento recorre su cuerpo, se le eriza la piel y en segundos hace recuento de los hechos pasados y el presente.

La primera vez que intento quitarse la vida, quizá su madre presintiera el hecho y lo frustró.

La segunda vez, quizá fue la casualidad que intervino.

Pero esta vez no había duda, "alguien" impedía su muerte y para ese "alguien" no había puertas ni necesitaba cuchillos.

A su mente como un tropel acudieron imágenes que le insinuaban quien pudiera ser ese "alguien".

Colibrí había escuchado y leído muchas teorías sobre la existencia del mundo.

Unas hablaban de un Dios creador más allá de la comprensión humana. Otros mencionaban dioses antropomorfos con limitaciones humanas.

Hay incluso quienes afirman que somos productos del azar.

Un azar que se multiplica en aciertos produciendo mundo tras mundo y ser tras ser en una cadena de casualidades como si el Universo estuviera sujeto no al azar sino a una Mente Maestra.

Como sea Colibrí comprendió que esa "casualidad" más bien podría ser una Causalidad.

Una Causalidad que le había dado la vida y que no quería que se la quitara.

¿Quizá esa Causalidad tendría una razón para haberle hecho?

¿Tendría acaso un destino que cumplir?

Como sea, Colibrí cayó de rodillas ante lo evidente, con la piel erizada y con la sensación de que algo estaba presente y lo envolvía pidió perdón por lo que había intentado.

Prometió dedicarse a estudiar, a trabajar, a prepararse para el momento en que esa Causalidad le indicara su tarea en el mundo.

Y oró así; "Señor, quien seas, Tu con Tu Mano me creaste, mi vida y mi ser te pertenecen.

Prometo dedicarme al estudio, al trabajo, a prepararme para el momento en que me requieras poder servirte de la mejor manera.

Perdóname Señor, Señora, por mi necedad, por mi ignorancia, por mi rebeldía.

Si desde la oscuridad de los tiempos me haz cuidado y traído hasta aquí,
desde hoy no temeré porque sé que me llevaras hasta donde sea Tu
voluntad.

``Era tuyo por Tu voluntad, ahora

soy tuyo por la mía" Colibrí sintió

algo que lo envolvía, que lo

cobijaba.

Sintió una gran paz, una felicidad inefable, algo como una luz que lo
lleno de regocijo.

Ahora sabía que la vida tiene sentido.

Quizá una razón incomprensible para el humano, pero es la razón de
quien da la vida.

El sentido de la vida lo sabía ese "alguien" que le había salvado y
creado.

Quizá ese "alguien" se dignara decírselo algún día y así no
caminaría a ciegas.

Tras las montañas Tonatiuh, el sol naciente, asomó sus dorados rizos
anunciando un nuevo día y con él la esperanza de ser algo más que un
puñado de células agrupadas para tener mayor oportunidad de
sobrevivir.

Ahora Colibrí sabía que era algo más que un puñado de polvo
soñando.

Capítulo III
Las metas.

Colibrí tenía 23 años de edad y ya era el contador del Banco Industrial de Jalisco, Sucursal Colima.

Después de seis años de trabajar empeñosamente ocupando nueve puestos; jefe de ahorros, suplente general, cajero ambulante, cobranza, crédito, radio, jefe de cheques, auxiliar de contador, cajero general, por fin arribaba a este objetivo.

Todavía estaban muy lejos las metas que se había propuesto lograr después de sus fallidos suicidios.

Haciendo balance de su vida recordó los objetivos que se trazó a la edad de 13 años para cuando tuviera veinticinco:

1.- Llegar a ser el contador de la empresa más grande en su tipo a 300 kms. a la redonda.
2.- Ganar $ 25,000.00 mensuales, (el sueldo en el momento en que hizo su proyección para un trabajador común era de 1,200.00 pesos mensuales aprox.).
3.- Casarse con una mujer hermosa, inteligente y buena.
4.- Tener casa propia.
5.- Tener amueblada su casa con todo lo indispensable.
6.- Tener carro.
7.- Ir de luna de miel a Michoacán y Guanajuato.

Sí, sus metas estaban bastante lejos y ya solo restaban 2 años. Ganaba $ 5,250.00 mensuales y aunque era contador lo era de un banco y en el Estado había como 15, no tenía lograda ninguna meta hasta el momento.

Ciertamente llegar hasta el lugar donde estaba no había sido fácil. Primeramente en la escuela siempre puso mucho empeño y logró estar entre los primeros. Después de la secundaria fue a una Academia Comercial donde seis meses antes de titularse como Contador Privado fue contratado como empleado bancario.

Al principio fue bastante duro, entraba a las 8.30 A.M. y salía a las 2 A.M. esto es más de 17 horas de trabajo.

Los compañeros del banco le cargaban la mano para hacerlo tronar. No contaban con el espíritu indómito de Colibrí y de su capacidad de aprendizaje.
Lo obligaron a ser el más rápido para sumar y escribir, a organizarse.

En cosa de cuatro semanas ya terminaba su trabajo a la hora que todos los demás; las 10 P.M.

En esos tiempos se trabajaba mucho porque todo era casi manual, máquina de escribir, sumadora y a veces calculadora. Las computadoras estaban en pañales solo tenían una en casa matriz y era tan enorme que ocupaba un gran cuarto con aire acondicionado.

Por cierto a los tres meses Colibrí sorprendió a todos terminando media hora después del cierre del banco, esto es a las 2 P.M.

Nadie lo podía creer, ni el mismo, pero la organización metódica de sus movimientos lo había llevado a economizar tiempo en forma sorprendente.

Ningún movimiento vacío. Te levantas y al mismo tiempo vas tomando lo que lleva el mismo rumbo, te sientas y ya llevas el papel a la máquina con una mano y con la otra le das entrada y vámonos a escribir.

Hablas por teléfono y atiendes a un cliente y con una mano sumas y con la otra puedes ir acomodando cosas en automático.

Sí, parece que ese "alguien" que nos hizo nos puso fuerzas y potencias que a veces en toda la vida no descubrimos ni usamos.

Por cierto, ese "alguien" siempre ha estado cerca de Colibrí, aunque siempre misterioso y esquivo.

Colibrí de pronto siente Su Mano, a veces cree escuchar Su Voz, otras veces adivina que es El quien le pone al alcance algún libro o le habla al través de personas, incluso cuando piensa en El suceden cosas extraordinarias.

Es como si ese "alguien" pudiera tomar todas las formas o cuando menos manifestarse a través de todo.

Colibrí estaba empeñado no solo en lo cotidiano; estudiar y trabajar, sino sobre todo en descubrir la verdad de la vida.

Es por ello que leía todo lo que caía a sus manos que pudiera traer algo de luz al respecto.

Colibrí leía la Biblia y profundizaba sobre cada párrafo encontrando incongruencias, contradicciones, fantasías.

Reflexionaba sobre Jehová de los ejércitos que violan y matan mujeres, niños, ancianos, que se bañan de sangre para satisfacer a ese dios.

Un dios que castiga por miles de años a inocentes que descienden de unos supuestos trasgresores, siendo con esto más injusto que el más injusto de los humanos.

Un Jehová que no sabe hacerse escuchar por "sus" creaciones y los hace con tantos defectos que los tiene que exterminar con diluvios y fuego para corregir SU error.

No, Colibrí vislumbra que ese dios es inventado, para someter, para manipular, para gobernar.

Su mismo inventor, Moisés, ordena la muerte de miles de sus compatriotas judíos el día que trae las tablas de la Ley, que ordenan; NO MATARÁS.

Quiere decir que la ley es para aplicarse al pueblo, no para los que gobiernan?

Las leyes justas y verdaderas deben aplicarse a todos los seres.

No, desde luego que no, Jehová es todo, menos justo, menos perfecto, menos aún puede ser Dios.

Sin duda Jehová es el dios que concibieron esos antiguos judíos y para ellos fue válido y quizá lo sea, pero no para seres racionales que buscan la Verdad Universal.

El mito del pecado original no resiste el más pequeño análisis razonable y lógico y con ello la misma base de esa creencia se derrumba.

Por siglos y aun hoy algunos sostienen que el pecado original fue el sexo.

Falacia por demás débil;
Al principio Jehová ordena "creced y multiplicaos"

Por otro lado, los seres humanos fuimos dotados por Dios de órganos sexuales y de un poderoso y avasallador instinto sexual para asegurar la supervivencia de la especie...
¿Y después se le castiga por obedecer ese instinto y la primera orden?

También se dijo y se dice;
Que el pecado fue conocer lo que es el bien y el mal.
Dios nos dio inteligencia, también nos dio un
instinto de investigar. Dios es Luz, Conocimiento,
Verdad, No es oscuridad, ignorancia.

Dice la Biblia que fuimos hechos a semejanza de Dios, luego conocer el bien y el mal nos asemeja a Él, si Dios no hubiese querido que conociésemos nos habría privado de capacidad de raciocinio.

Otros vivos dicen que el pecado es por desobedecer una orden:
Nos pintan a un dios que no sabe mandar, que no sabe hacerse entender, pero que es bueno para castigar.

Luego por unos desobedientes, pagaron millones de inocentes, que dios tan injusto nos pintan.

Ningún humano por injusto que sea le pide peras al olmo, cualesquier jefe humano medianamente capaz sabe cómo hacerse obedecer.

Según la Biblia ese Jehová puso la tentación y no la fuerza y el conocimiento para resistirla.

Más bien, Colibrí observando la historia ve que claramente el propósito de esta y otras religiones es el de gobernar, someter, manipular a la gente. Lo cual no quiere decir que no exista Dios, ni tampoco que no haya gente sinceramente religiosa.

Muy al contrario, Colibrí ve que las personas creen y buscan a Dios con sinceridad en su corazón, como que ese "alguien" que nos creó nos puso ese instinto de buscar nuestra fuente de origen.

Parece que de alguna manera en nuestro interior hay un recuerdo de un amor muy grande que traspasa el tiempo y las dificultades, un amor profundo al ser divino del cual procedemos.

En la oscuridad en que nos encontramos de alguna manera se nos muestra alguna porción de verdad y con ella nos manipulan.

Comprendiendo esto Colibrí continua buscando por todas partes por sí mismo esa Verdad tan esquiva y que sin embargo debe estar ante nuestros ojos y por ser tan evidente no la vemos.

Dios está en todos lados, luego lo estamos viendo o somos ciegos ante su Luz y aunque está a nuestro lado vamos dando tumbos corriendo para alcanzarle y Él va cuidando de nosotros para que no caigamos, esperando que nos callemos para que le escuchemos. Esperando que nos detengamos para que le podamos contemplar.

- Joel.2:31
- El sol se convertirá en tinieblas, y la luna en sangre, antes que venga el día grande y espantoso de Jehová.

Capítulo IV
Objetivos logrados.

En el horizonte los cerros y las planicies se extienden hasta donde la vista se agota de caminar, a lo lejos se ven poblaciones, carreteras y algunos vehículos que aparecen a la vista como pequeños gérmenes deambulando por doquier.

Algunas nubecillas tratan de alcanzar la cima del cerro del Cubilete, (en el estado de Guanajuato), allá abajo, revolotea un aguililla en busca de presa.

Desde la cúspide de esa montaña Colibrí disfruta del panorama en compañía de su esposa.

Por fin ha logrado alcanzar todas y cada una de sus metas;

Tiene 25 años de edad, a los 23 logró su primer objetivo; ser contador de la empresa más grande en su tipo a 300 kms. A la redonda.

La tienda Blanco era el supermercado más grande del Estado de Colima, la más grande a más de 300 kms. A la redonda, de todos los municipios iba la gente a comprar en el supermercado `que abarataba la vida`;
de Manzanillo, Armería, Tecomán, Cuauhtémoc, Comala, Coquimatlán, Ixtlahuacán, Minatitlán, Villa de Álvarez, incluso de poblados de Jalisco y Michoacán.

Lo demás fue tejer y cantar, tenía un sueldo de $ 25,000.00 mensuales, casa propia, amueblada, carro, esposa y luna de miel en Michoacán y Guanajuato.

Claro que el mérito no es solo de Colibrí sino también de su padre que le aconsejo; "Llega antes que tu jefe, retírate después de el"
"Se honrado, trabajador, constante, responsable, leal"

"Nunca seas un mercenario, un empleado, se un colaborador, ponte la
camiseta y haz las cosas con amor"
"A tus compañeros respétales y sírveles en todo lo que
este a tu alcance" "Piensa, planea, organiza tus
movimientos"
"Estudia, prepárate siempre"
"Ten paciencia y fe, confía en Dios y en ti"

Por ello Colibrí siempre vio por su banco y su banco le enseño, le cuido y le
transformo en un ejecutivo.

Nunca trabajo menos de 10hrs. aunque siempre terminaba su trabajo en
6hrs, se quedaba a ayudar a sus compañeros, así aprendió y se ganó el
respeto de todos.

Cuando lo hicieron cajero general a los 20 años, nadie objetó que no era
casado y no tenía la antigüedad de diez años que se exigían para ese
puesto.

Tampoco pusieron reparos porque no tenía la edad, ni el estado civil de
casado, ni la antigüedad para ocupar la contaduría a los 23 años.

Cuando le contrataron en Blanco a los 23 para ocupar el puesto de
contador general de la sucursal Colima le ofrecieron 50% de aumento
inmediato y la promesa de duplicarle el sueldo en tres meses.

Era el más joven contador de la cadena Blanco, así como lo había
sido en el Banco.

Por cierto ya era contador privado y había terminado el 4o. semestre de
bachillerato amén de haberse graduado como funcionario bancario de la
escuela bancaria y comercial. Al mismo tiempo que trabajo siempre
procuro seguirse preparando.

Por algo estaba donde estaba, cinco días a la semana empleó 16 horas al
trabajo y al estudio, el resto al descanso y a la diversión.

Por cierto se dio sus mañas para leer el Quijote, la Ilíada, la Odisea, Juan Salvador Gaviota, El Vendedor, El Secreto y el Milagro, de Og Mandino, Piense y hágase rico de Napoleón Hill, la Biblia dos veces y algunos otros de la Gran Fraternidad Universal fundada por Sergue De la Ferriere, centenares de libros de esoterismo y magia, aparte de sus libros de contabilidad y administración de empresas.

Tampoco fue fácil vencer resistencias en Blanco.
Era apenas un jovencito de 23 años rodeado de personas maduras que pensaban que la capacidad la dan los años.

No tardaron en darse cuenta que no estaba ahí por casualidad sino por capacidad.

En dos años se había convertido en el segundo contador mejor pagado de la cadena y el más joven.

Envuelto en la magia del éxito y el romanticismo de Guanajuato Colibrí vivió unos días de paz celebrando sus metas conquistadas a fuerza de sudor, paciencia y tenacidad.

Colibrí ha escuchado muchas veces que el que quiere puede, pero si esto fuera cierto el mundo sería otro, lo cierto es que esto que suena tan cierto es un sofisma que pierde a muchos.

Sabe con certeza que para lograr algo es menester colocar los cuatro pilares donde se edificara un logro:

Querer ese algo intensamente.
Tener el conocimiento para lograrlo.
Intentarlo con toda determinación.
Tener la perseverancia necesaria.

Dijo Confucio que el mundo está lleno de deseos pero lo que se requiere son acciones.

Pero para que la acción fructifique debe ser la adecuada en todo
sentido.
Por cierto que más hace el que quiere que el que puede...

Capítulo V.
Época de confusión.

La frágil nave de la vida se ve azotada por los vientos, el vaivén de las olas amenazan su quilla y los rayos hacen vislumbrar los riscos que prometen hacerla pedazos.

Así Colibrí de pronto se ve inmerso en cosas que no pensó ni previó, cumplidas sus metas se acabaron los retos y vino la confusión, ¿qué hacer?, ¿qué camino tomar?

Dios no habla y la verdad está en todas partes y en ninguna.

Colibrí lee sobre todas las corrientes filosóficas, algunas se antojan realmente fantasiosas, otras muy convincentes pero cada una sostiene una tesis contraria, a veces en la superficie, a veces en el fondo, pero al final chocan unas con otras.

Es un campo de batalla donde las ideas parecieran luchar sin concierto alguno.

Los dogmáticos tienen una fe inquebrantable en su convicción nacida de las ideas dichas o escritas por alguien en algún lugar o incluso nacidas en su propia mente, sin ninguna base objetiva y científica. Tan convencidos están como para morir o matar por ellas.

El razonamientos impecable de otros nos llevan a tejer maravillas que después nos dejan sin saber cuál es el cielo y cual la tierra.

Otros más con una objetividad contundente y científica nos llevan a comprender que en realidad no existimos y solo somos un pensamiento pensado por alguien. Un pensamiento que piensa que es y vive, siendo tan solo un pensamiento pensado por sabe que cosa.

Desde luego, Colibrí todavía no alcanza a comprender las profundidades necesarias para transponer el aparente caos, las apariencias de contradicción, la ignorancia hace ver confuso lo que es claro, nos hace ver caos donde solo hay orden y concierto.

Todavía Isis no reúne todos los pedazos de Orfeo.

Por esto y otras cosas Colibrí se embriaga con licor, con música, con diversión, con mujeres.

Colibrí vive tres años de oscuridad apenas alumbrada por sus estudios de filosofía y sus prácticas esotéricas, es un ser al cual le aterra la oscuridad y sin embargo se ha arrojado a ese mar tenebroso procurando escapar de sí mismo y de un mundo incomprensible donde nada es lo que parece.

Las personas son falsas, vanidosas, envidiosas, a veces realmente malas.

A veces también hacemos daño aún sin quererlo y así aumentamos el dolor del mundo.

Sin proponérselo, sin quererlo, Colibrí se convierte en servidor del mal. Así pone malos ejemplos, lastima personas sin haberlo deseado jamás.

Toma los labios que se le ofrecen y después se marcha sin la conciencia de que deja a alguien ilusionado y lastimado.

Tiene poder y esa influencia pudo ser para servir al bien y a Dios y aunque de cierta manera siempre mantuvo sus principios no fue lo que pudo ser.

Por supuesto que siempre cumplió de manera excelente con sus responsabilidades, haciéndose amar de su empresa.
Siempre procuró ser un jefe respetuoso, amable, cortes, servicial. apapachador, pero firme y enérgico.

Pero pudo ser un ejemplo de virtud y no dañar a otros, pero en ese tiempo era pedirle peras al olmo.

Tomaba como todos, era mujeriego como buen mexicano, como pedirle al que actúa como cualquiera que actué diferente, como hacerlo si ha sido producido en serie?

El sabio actúa como sabio, el niño como niño, el hombre de acuerdo a su estado evolutivo y a su circunstancia.

Uno es el resultado de sus acciones.

Las acciones son resultado de las circunstancias.

Las circunstancias son la suma de todos los factores determinantes; cultura, educación, medio ambiente, idiosincrasia de la sociedad en que se desenvuelve, tiempo, etc.

Colibrí por sus estudios rosacruces, esotéricos, por su búsqueda de la Verdad no está satisfecho con su forma de ser, pero perdido en el bosque de las acciones, rodeado de gente que hace lo mismo no alcanza a saber y percibir que cosa le molesta y le tiene insatisfecho consigo mismo.

Pensando en poner fin a ese estado de cosas empieza a buscar nuevas metas, nuevos retos que le conecten con la vida, que le eleven de ese fango que tanto le fastidia.

Capítulo VI
La renuncia a Blanco Sucesores.

Don Bernardo Piñeira no puede creer que Colibrí este renunciando a
Blanco, le ofrece aumento de sueldo que le colocaría como el contador
mejor pagado de la cadena, incluso le ofrece una gerencia como último
recurso para retenerlo.

Colibrí está decidido a buscar otros horizontes, esta hastiado de la rutina,
Blanco ya no tiene secretos ni representa ningún reto, además, a pesar de
todos sus esfuerzos no encuentra una razón verdadera para vivir.

Ha decidido ser rico y va en pos de la riqueza material, puesto que Dios no
se digna hablar, buscara ser rico y aturdirse con las cosas del mundo.

Para esto ya analizó al cristianismo, al budismo, al islamismo, ya leyó el
Bhagavad Gita, es adepto rosacruz, pero nada le llena a plenitud.

Para este momento está claro para Colibrí que una cosa es religión y otra
las instituciones religiosas.
La religión es el sentimiento íntimo, la relación del individuo con
Dios.

Las instituciones religiosas son entes creados para gobernar, dirigir y
manipular a las personas.

La historia nos dice como fue instituida la iglesia católica por el Emperador
Constantino para prolongar y hacer sobrevivir al Imperio Romano.

También la historia consigna que durante mil años, del siglo V al XV la iglesia
católica sumió a la humanidad en una era de terror y opresión que se
conoce como la época del Oscurantismo.

Con Papas como Inocencio III, Clemente V y muchos otros que casi
exterminaron a los Cátaros, Docetitas, Maniqueos, Templarios y todo
aquel que pensara diferente.

Que persiguió a Newton, Galileo y a todo sabio que no se plegó al dogma de oscuridad que imponía la iglesia para mantener la opresión sobre la humanidad.

Esa iglesia que vino a completar la conquista de nuestro país imponiendo una doctrina de sumisión a golpe de espada. Una religión que predica el amor a sangre y fuego.

La misma iglesia que lucho al lado de España para mantener la esclavitud, que desde los púlpitos combatió a Hidalgo y Morelos y excomulgó a todo aquel que persiguiera la libertad.

La iglesia que trajo a Maximiliano y Carlota y con ello nuevamente trajo la muerte y la destrucción a nuestro pueblo.

La iglesia del odio que continúa combatiendo a Benito Juárez con saña demoníaca.

La misma iglesia que aliada a Porfirio Díaz y a los terratenientes se opusieron a Madero y a las fuerzas liberales.

La iglesia que para defender sus privilegios desató la guerra cristera y después traicionó a su gente dejando que el gobierno los exterminara.

Colibrí se inclina ante Cristo y su doctrina y le llama Respetable y Venerado Maestro y lee con atención y máximo respeto a San Agustín, Santo Tomas de Aquino, Santo Tomas de Kempis, verdaderos discípulos de Cristo.

Ciertamente entre los protestantes existen algunos grupos que más o menos tratan de ser verdaderos cristianos aunque en su mayoría se fanatizan al grado de creerse santos, divinos y en su soberbia creen detentar la Suprema Verdad y las llaves del cielo y con ello muestran su extravío.

La humildad es la corona del sabio y también del santo.

El respeto y la mente abierta es signo de inteligencia, razonar con lógica y objetividad sin apasionamientos que oscurezcan la verdad es querer encontrar la luz, cosa que falta en la mayoría de los fanáticos que ha llevado a la humanidad a derramar sangre y producir dolor en vez de prosperidad, conocimiento y felicidad.

En el Islam teniendo cosas buenas oprimen aún más que en el cristianismo a la mujer, aunque esta religión es más congruente al permitir la guerra justa.

En el cristianismo está prohibido matar pero matan contrariando el mandamiento expreso que lo prohíbe.

El budismo tiene gran enseñanza pero Colibrí a esas fechas solo rozaba la superficie de su filosofía.

Lo mismo pasaba con el Bhagavad Gita que teniendo gran enseñanza Colibrí todavía se quedaba en la superficie de las palabras.

Con sus estudios rosacruces Colibrí comprende y se explica algunos fenómenos que habían ocurrido en su vida, como el desdoblamiento astral, la percepción extrasensorial, la metagnomía y algunos otros.

Ciertamente tenia algunos conocimientos esotéricos y metafísicos y algunas experiencias extrañas pero todo era disperso y sin explicaciones para lo más importante;
El fin y meta de la vida.

Capítulo VII
Algunas vivencias no comunes.
`El aparecido`

Teniendo cinco años Colibrí y una de sus hermanas ven pasar a un amigo `el mata
burras` que pasa con su recua y no accede a ir a jugar con ellos, van a preguntar a la
madre porque nohabráqueridoirel`mataburras`ajugaryquesololesdijoqueluegoiría,
sumadreles dice que se habrán confundido porque el `mata burras` hace tres días que
fue asesinado,
por supuesto que no se habían equivocado, nadie en el poblado se parecía al `mata
burras`` .

`Enfrentando con serenidad un gran peligro`

Alosdoceañosporpocoseahoga;semetióenunlugardelas`brisas`sinsaberqueal
poco de entrar la playa se hacía profunda, una ola lo arrastró hasta cubrirlo totalmente ni
siquiera sus manos podían sobresalir del agua y no sabía nadar en absoluto, rápidamente
pensó que debía mantener la calma porque si no pensaba adecuadamente se ahogaría
así que hizo lo único que podía hacer;

Opuso resistencia lo más que pudo a la ola que le arrastraba y luego buscó aprovechar
lo máximo la siguiente ola para tratar de salir caminando, no lo logró pero pudo ver
que avanzó algo y así hizo con la siguiente y casi logra salir y por fin en la tercer ola
alcanzó a sacar la cabeza para respirar y poder resistir hasta la cuarta ola donde pudo
por fin salir y sintiendo que el corazón se le salía fue tembloroso a tirarse sobre la
arena.

`Desdoblamiento astral`

Tenía24añoscuandoenunaocasióndurmióhastatardeaqueldomingoyllegóel
momento de levantarse y lo hizo, se puso sus sandalias y se fue a bañar pero estando a
la puertadelarecamaravolteóalacamaysevioahíacostadoysediocuentadeque
algo extraño pasaba, su cuerpo astral se había levantado solo, así que quién sabe
cómoseechósobresucuerpoy luegodelsusto,volvióalevantarseyconmiedo

volteó solo para ver que de nuevo se había levantado sin su cuerpo físico, se incorporó a su cuerpo físico y se quedó un momento pensando y decidió hacer un experimento:

Se levantó, tomó las sandalias, se fijó bien en la hora de su reloj de buró y tomó la toalla y llegando a la puerta volteó y si, volvió a ver su cuerpo ahí sobre la cama, decidió no caer en pánico, dejó ahí sus sandalias y la toalla para tener una evidencia y se fue a incorporar, luego hizo el esfuerzo y se levantó con sus cuerpos ya integrados y si, ahí estaban las sandalias y la toalla donde las había tirado, en el reloj había pasado un minuto, luego supo que el astral si tiene alguna fuerza para mover objetos.

Posteriormente buscó hacer desdoblamientos sin lograrlo, meditó con diversa clase de música hasta que con Paganini lo logró, aquel día como a las doce del mediodía que por cierto lloviznaba lo consiguió; salió y voló por entre las nubes y la lluvia, fue una experiencia muy bonita.

Pasó tres días pensando que aquello debía usarlo para cosas importantes y no solo para jugar así que meditó que pudiera ser muy importante y que por medio de ese poderse pudiera conseguir y luego se le ocurrió que si Dios decían que estaba en el cielo quizá en esta dimensión se pudiera contactar con El, así que se preparó para el experimento, para esto quiero citar que previamente Colibrí había entrado en un periodo de purificación, incluso su dieta era lacto-ovo-vegetariana.

Así que facilitó las cosas para que su mujer e hijas se fueran a pasear mientras el disponía las cosas para el viaje.

Puso a su acompañante Paganini y se sentó cómodamente y se concentró, en unos minutos estaba fuera de su cuerpo así que ascendió y si, llegó a un punto donde sintió la misma sensación de estar flotando en un océano y comprendió que la atmosfera terrestre era eso; una especie de agua para el cuerpo astral o sea que no volaba sino más bien `nadaba` y miró una gran cúpula de luz blanca y supo que de alguna manera estaba viendo a Dios y pudo más que ver comprender algo tremendo, luego quién sabe cuánto tiempo estaría viendo absorto aquello hasta que regresó a su cuerpo y se puso a llorar de emoción indescriptible.

Años le costó digerir intelectualmente aquello inefable; Sí, Dios tiene rostro pero es al mismo tiempo todos los rostros de lo existente y de alguna manera tiene un rostro propio más allá de toda comprensión humana.

`Una voz le advierte sobre un peligro`

Un día mientras se bañaba escuchó la voz de uno de sus hermanos, salió del baño a medio enjabonarylepreguntóasumujerquedondeestabasuhermano,porsupuesto ella le dijoquenohabíanadiemásenlacasa,Colibríseguro delo quehabíaoídobuscóy sedio cuenta que efectivamente no había nadie más en la casa.

Volvióalbañoymeditósobrelavozycomprendióqueelastraldesuhermano había venido para que le ayudara porque corría un peligro pero no podía comunicárselo a su hermanoporquenoteníaesaintegraciónquese requiere.

Sabía por el tono de voz que el peligro no era inmediato así que desayunó, fue a la gasera donde estaba laborando en Tecomán a cincuenta kilómetros de Manzanillo y dispuso lo conveniente para poder marcharse a Manzanillo y se fue, llegando preguntó por su hermano y le dijeron que estaba dormido, Colibrí pidió que se le despertara y que le dijeran que viniera a verle.

Colibrí le inquirió que en que cosas andaba, total que se enteró que la novia tenía festejo elsiguientedomingoysupoColibrídondeestabaelpeligroasíqueleordenóasu hermano que no fuera a la fiesta porque ahí irían a matarle, que fuera a cualquier otro lado pero no a la fiesta.

El hermano hizo caso, luego supo que sí, que en la fiesta un antiguo novio de la chica lo había ido a buscar con otros tipos para matarlo.

`Contacto telepático`

Otra cosa fue cuando en un día miércoles que le tocaba su ritual Rosacruz estando en meditación en su casa de Tecomán se vio flotando en el espacio lleno de oscuridad y escuchó una voz que clamaba por la ayuda de Dios, Colibrí dijo preguntó que se le ofrecía, lavozpreguntóasuvezquesieraDios,Colibrídijoqueno,perosiDioslo poníaenese sitio era porque lo quería usar como instrumento y que dijera que clase de ayuda quería, que dijera su problema.

El tipo aquel dijo que no, que solo Dios podría ayudarlo, Colibrí insistió y la voz aquella de Roberto Gómez Figueroa Como después supo que se llamaba le dijo; ven para que veas donde estoy si esqueteatrevesaveniralmismoinfierno.Colibrídijo;poramora Diosvoyalmismo infiernoyvolóhaciadondeestabalavoz y se vioenunlugarcomo unacuevayahíauna persona sollozando.

Colibrí le dijo que le dijera el problema, Roberto le dijo; quiero salir de aquí pero esto es el infiernoy nadiepuedeayudarmesinoDiosmismo,Colibrídijo;yotesacarédeahí,del mismo infierno, yo iré y proclamaré el Poder de Dios porque Dios reina no solo sobre la luz sinotambiénenlastinieblas,nosoloenelcielosinotambiénenelInfierno.

Meses despuéscomprobaría que estono fueun sueño sino un contacto telepático.

Capítulo VIII
La ilusión Dorada.

Plácidamente las olas tienden sus blancos rizos acariciando el cobrizo manto de arena.

La suave brisa besa la piel, mientras el ronroneo del mar te llena de ensueños.

Colibrí siente que ha tocado el cielo y sin embargo siente un hondo vacío en el corazón que le llena de melancolía.

Tiene el último inventario en sus manos, han transcurrido casi cinco años que dejó Blanco y ahora está concretando sus metas.

Sus negocios no podían estar mejor, por todo el Estado, incluso lugares aledaños de Jalisco y Michoacán son recorridos por sus setenta vendedores.

Once vehículos propios, más de ciento veinte millones de pesos en cinco bancos, trescientos millones en cuentas por cobrar, cincuenta millones en mercancías en las bodegas.

Un próspero negocio de venta de enseres para el hogar y enciclopedias.
Un incipiente negocio de seguros y asesoría legal.
Un buen restaurante.

El Restaurante a media cuadra del jardín principal de Tecomán, las oficinas centrales de los otros negocios en Tecomán con sucursales en Manzanillo y Colima.

Pero también un vacío que ni el vino ni las mujeres pueden llenar.

En el transcurso de esos cinco años puso en práctica sus
conocimientos contables y administrativos y al mismo tiempo que
cumplía sus obligaciones como gerente de Gas Menguc en Tecomán
haciendo crecer a esa empresa un 30% anual (mientras que a nivel
nacional esa actividad solo creció el 3% anual), paralelamente fue
desarrollando sus propios negocios.

Desde luego a pesar de sus múltiples ocupaciones se daba tiempo para
divertirse pero sin descuidar su búsqueda de la verdad.

Sus noches de reflexión, estudio y practicas rosacruces eran rigurosamente
respetadas, así que sin siquiera darse cuenta evolucionaba y su alma poco
a poco le empujaba hacia su destino.

Es por ello que a pesar de todo aviso y toda evidencia no pudo ver ni
impedir la catástrofe que se avecinaba y que terminaría de golpe con
aquel mundo de oropel y oscuridad.

Ciertamente tenía la capacidad para los negocios pero no conocía el
alma del mundo. Siendo trabajador, leal y honesto, no previó, ni creyó
posible la traición y la acechanza;
acepto dos ¨amigos¨ como socios y en cuanto creyeron tener el
conocimiento y control de los negocios dieron el golpe ´maestro¨
Sustrajeron la mercancía y contando con la complicidad del gerente de Banca
Serfin retiraron noventa millones de pesos en efectivo.

De pronto y de golpe se vio sin dinero y con sus amigos de enemigos,
habiendo sido programado por las circunstancias no conocía el lado
oscuro donde operan los maleantes, pensó que simplemente era
denunciar ante la ley y todo se arreglaría pero no, su demanda no
caminaba hasta que se dio cuenta de que al Ministerio Publico lo habían
comprado.

Quisieron darle un levantón pero pudo burlar el operativo y aún ante esta evidencia no se cuidó y al fin le citaron sus `amigos` para negociar sin cuidado asistió a un restaurante a las afueras de Tecomán donde mientras comían y según platicaban para arreglarse llegaron unos tipos y rodearon a Colibrí lo condujeron a una panel y le vendaron los ojos.

Colibrí tarde se dio cuenta que había caído en una trampa, le condujeron por horas por algún camino desconocido hasta que al atardecer le hicieron bajar y le quitaron la venda, estaba en algún lugar de montaña luego lo condujeron ante un tipo que le dijo; amigo aquí estas a mi disposición y te puedo matar en cualquier momento si no haces lo que se te diga sin más.

Luego le dijeron que aquello era un lugar de cultivo y procesamiento de droga, que le habían ordenado matarle pero el jefe no había accedido y se le mandaba a ese lugar donde estaría hasta que decidieran que hacer con él.

Lo condujeron a una galera donde había unos cincuenta individuos y ahí se quedó.

Al día siguiente se le indicaron sus restricciones, estaría en el lugar de barracas sin acceso al área de cultivo ni procesamiento, todo estaba vigilado por hombres armados y el campamento estaba circulado por alambres de púas.

Colibrí pensó que sería su final y odió con todo su corazón a los malditos que le habían privado de su riqueza, de su familia, de su libertad y que en cualquier momento incluso le quitarían la vida.

Así Colibrí de pronto comprendió cuan frágil son las cosas de este mundo.

Tienes mujer, hijos, familia y de pronto ya no tienes nada.

Construyes una reputación, un capital en decenas de años y de pronto, no tienes más que humo.

Tienes amigos, mujeres, diversión, éxito y al momento despiertas y estas solo con tus recuerdos.

Oh, que diferente es conocer la teoría a vivir los hechos y disfrutarlos.
Sabes que todo es ilusión pero es tan real que hasta piensas que es eterno.
El amor de una mujer...
Los éxitos, los amigos,
El baile, la
diversión, la risa,
Las posesiones y
riquezas...

Todo es ilusión y quimera, y además Colibrí lo sabía desde niño pero tanto tiempo viviendo en el mundo de fantasía le van robando el seso hasta que cuando ese mundo se derrumba cree que ha llegado el fin de todos los tiempos.

Solloza mientras ve su mundo saltar en mil pedazos, la gente se ha quitado las máscaras y solo queda el horror y el espanto.

La envidia, la falsedad, la ambición, los mercenarios vendiendo justicia al mejor postor.
Colibrí atosiga a Dios, pidiéndole explicación, justicia, pero solo el silencio le responde.

Por fin seis meses después decide callar, y orando le dice al Señor;
"Supremo Creador, Rey y Padre Universal, humildemente me postro a tus pies y te pido perdón por mis faltas, sabiendo cómo sé que Tu eres la Suprema Sabiduría y que conoces mejor que yo lo que es bueno para mi aceptaré tus sabios designios y solo te pediré que si consideras prudente que yo sepa hacia dónde quieres que empeñe mis esfuerzos me lo digas, y para ello guardaré silencio porque quizá no te dejo hablar haciendo pregunta tras pregunta.

Gracias Padre mío por darme tantas bendiciones y haberme permitido disfrutar tantas cosas y perdóname por aferrarme a cosas vanas olvidando lo trascendente e importante; Tú, Señor mío, prefiero tu amor a cualquier cosa de este mundo.

En honor al gran amor que siento por Ti aunque no te conozco INMOLARE al odio que siento por mis enemigos.

He aquí mi ofrenda; sacrifico el odio y el rencor que me han atormentado por espacio de estos seis meses y desecho de mi mente y mi alma toda intención de venganza, antes bien me reitero tu siervo y servidor y dispuesto a recibir tu Luz¨

Colibrí le dice a Dios; Señor, no te pido que perdones a mis enemigos pero tampoco te pido que les castigues sino que simplemente hagas lo que consideres en justicia que debes hacer yo no quiero sobre mi cabeza sus culpas ni en mi corazón algo que le llene de oscuridad, yo amo la luz y pertenezco a Ti lo demás simplemente lo desecho desde el día de hoy.

Luego Colibrí se sintió alegre, en su rostro se dibujó la sonrisa que se había borrado desde el nefasto día en que le habían robado todo.

Esa noche llegaron por Colibrí y lo condujeron a una cabaña aparte porque al verlo sonriente pensaron que tenía algún plan de escape y lo dejaron en solitario bajo vigilancia especial.

Capítulo IX
Las tentaciones del mal.

Habiéndose librado de las fauces del odio y del rencor, Colibrí olvidándose de sí mismo comienza a interesarse por sus compañeros de fortuna.

Así por primera vez en su vida ve y convive con asesinos, traficantes, viciosos y toda la especie de trasgresores de la ley.

Poco a poco descubre que su visión ha pasado a otro nivel, ya no solo ve las apariencias como antes, sino que más allá de las palabras, gestos y figuras, ve intenciones y aun pensamientos, las personas se muestran transparentes ante su mirada.

Pueden fingir lo que quieran, ocultarse lo mejor posible, ahora Colibrí de pronto ha pasado a otro nivel de percepción.

Cierta noche Colibrí ¨sueña que Satanás le visita y le ofrece la libertad y la devolución de sus riquezas a cambio de pactar con él, Colibrí por supuesto le rechaza y le dice que siendo hijo de la luz, su destino es la luz, Satanás se marcha.

A la noche siguiente Colibrí vuelve a ¨soñar¨ qué Satanás le ofrece lo doble de todo lo que tenía y su libertad tan solo con hacerse siervo del mal, Colibrí lo vuelve a rechazar.

Por tercera vez Colibrí ¨sueña¨ con Satanás ofreciéndole multiplicar por cien sus bienes a cambio de sus servicios, Colibrí lo corre, Satanás le dice; ¿Dónde está tu Dios, que ni te oye ni te habla?, yo aquí estoy y soy el dueño del mundo, sírveme y te haré grande sobre la tierra, Colibrí lo vuelve a rechazar, Satanás se marcha diciendo; morirás aquí, solo y ni tu polvo permanecerá.

Cuando Satanás se marcha arriban a la choza un pelotón de espíritus chocarreros que buscan intimidar a Colibrí que simplemente les ignora a pesar de sus aspectos aterrantes y sus gestos amenazantes.

Al día siguiente conducen a Colibrí ante el encargado del campamento y le ofrece mejores condiciones de vida, incluso sueldo y la posibilidad de que pueda de vez en cuando tener privilegios para recibir visitas femeninas y quizá en un tiempo hasta pueda recuperar la libertad, solo debe trabajar para la organización, Colibrí rechaza la oferta, el jefe lo amenaza diciendo que está cavando su tumba, Colibrí simplemente se pone en manos de su Creador.

A los dos días de nuevo lo llevan esta vez ante un alto jefe de la organización el cual le dice; mira Colibrí has tenido la suerte de que el máximo jefe no acceda a asesinarte pero si me obligas te puede pasar un accidente, te propongo un trato; te ofrezco un puesto de jefe dentro de la organización, sabemos de tu capacidad para dirigir gente, tu fija las condiciones, tu salario en cientos de miles de dólares, tendrás algunas restricciones pero podrás moverte libremente por todo el estado de Colima, podrás visitar a tu familia, tendrás dinero y todo lo que se pueda comprar, solo se uno con nosotros es todo lo que se te pide.

Colibrí nuevamente se negó ante lo cual recibió nuevas amenazas y Colibrí sintió que sus días estaban contados y sin embargo pensó en que la muerte no era importante sino ser fiel a Dios a quién ya había percibido como un ser totalmente real aunque no le alcanzaba a comprender.

Colibrí sabe que a pesar de todo Dios debe existir porque solo así tienen explicación las cosas del mundo.

El ser humano desde la oscuridad de los tiempos ha adorado a Dios de diversas maneras, impulsado por un instinto natural sin duda puesto por el que le hizo.

Diversos hombres en todo el planeta han sido tocados por algo místico que les ha impulsado a desafiar todo peligro para conducir a la humanidad a estadios más alejados de la animalidad.

Los más grandes sabios usando la lógica y la razón han concluido que un ser necesario, una Causa Primera es el sustento del Universo.

Además Colibrí ha vivido cosas que le dicen que `alguien` le cuida, que ese `alguien` le apoya y le saca adelante cuando sus conocimientos y sus fuerzas son superados por las dificultades.

A pesar de los obstáculos y que prácticamente se ha quedado solo, Colibrí está dispuesto a todo por seguir siendo fiel al Bien y a ese Dios que no conoce pero su razón le dice que es la Absoluta Perfección, la Belleza sin rival, la Justicia en todo su esplendor, la Felicidad sin límites, el único ser capaz de inspirar un amor más allá de la vida y la muerte y aunque solo la lógica, la razón y el instinto sean los que le afirmen su existencia Colibrí será fiel hasta el final.

Sí, Colibrí está dispuesto a pasar su vida en cautiverio y a morir, pero no pactará con el mal, él está seguro que es hijo del Bien, que alguien Bellísimo y Perfecto le ha hecho y por El dará hasta la vida.

Capítulo X
Pacto con Dios.

Unos días después cambian a Colibrí a una cueva y en ella se encuentra a un tipo de aspecto agresivo el cual se fuma unos enormes puros de marihuana y al cabo de unos días de pronto ese individuo le dice; soy Roberto Gómez Figueroa ¿Cómo me vas a sacar de este infierno?

Al momento Colibrí recuerda el `sueño` (contacto telepático) donde había visitado ese lugar y luego lo reconoce y simplemente se siente impactado, si, ahí está, en el mismo infierno y con la responsabilidad de ayudar a este individuo.

Roberto le refiere su situación y que tiene una hija de siete años por la cual vivir y Colibrí ahora sabe con certeza que de alguna manera le podrá ayudar porque Dios tiene mil caminos donde los hombres no pueden ver.

Colibrí le dice a Roberto que tenga paciencia y que en unos dos o tres meses lo librará quien sabe como pero lo hará.

En una noche de diciembre de 1987 Colibrí tiene un ¨sueño¨ donde es agredido por su compañero Roberto G. F. Y se ve ensangrentado y agonizante y al fin muerto flotando en medio del oscuro espacio sideral.

Ahí una voz le pregunta que a donde debe ir, ¿al cielo o al infierno? Colibrí contesta que se acoge a la decisión Divina sea cual fuere. Por tres veces la voz pregunta y Colibrí da la misma respuesta.

La Voz al final dice; Veamos tu vida y juzguemos;
La vida de Colibrí pasa ante sus ojos y al final dice; Señor, veo que he cometido errores, he hecho cosas vergonzosas, pero no veo crímenes, ni he hecho mal a nadie sabiéndolo o con intención de hacerlo y sin embargo me acojo a tu Justicia y acepto tu decisión.

La Voz dijo: Si yo te diera de nuevo la vida ¿qué harías?
Colibrí contesto; Seria tu soldado.

La Voz preguntó; ¿matarías en mi nombre?
Colibrí respondió que no, ¨antes al contrario, buscaría vestir mi alma con el vestido blanco de la Virtud y sería un Quijote enmendando mis errores y auxiliando a los débiles.

Testificaría con mi vida que Dios existe y proclamaría su Poder y su Gloria¨ La Voz dijo; Sea como has dicho.

Colibrí volvió en sí y miro que su compañero lloraba inconsolablemente y no quiso responder por qué.

Al día siguiente a las nueve de la noche mientras se preparaban para acostarse Colibrí es agredido nuevamente por Roberto y se repite todo el sueño pasado y cuando después de un segundo en este plano pero un buen tiempo en el plano astral vuelve a este mundo se ve con una hoja de papel en la mano y lee que es su pacto escrito con su puño, letra y firma, al quererla enseñar a Roberto este saca de debajo de sus cosas otra hoja que es el mismo pacto pero con letra de Roberto y la firma de Colibrí y Roberto le dice que ese pacto se lo había dictado Colibrí la noche pasada y que le había dado la instrucción de guardarla para que esta noche se la mostrara y viera que lo que pasaba era real pero en otra dimensión por eso solo transcurría un segundo en este mundo pero en el astral era el equivalente a un día completo.

Colibrí le pregunta a Roberto que más vio, Roberto dice que solo tomó él dictado de la carta y que lo que se dió cuenta es que fueron unos diez minutos cuando menos pero no se correspondía con la realidad ya que él tenía una tortilla calentando y que cuando se desocupó del dictado apenas era tiempo de voltearla.

Por cuatro noches sucesivas tuvo el mismo ¨sueño¨ con algunas variantes. Colibrí de pronto tuvo conciencia de que había perdido muchas cosas, pero todas falsas; mujeres, diversión, vino, dinero, libertad física, amigos, pero ahora estaba encontrando cosas verdaderas.

Esa noche del 11 de diciembre de 1987 durmió tranquilo y tuvo otro ¨sueño¨ esta vez vio una luz blanca que le dijo ¨¿Te acuerdas que de niño me pediste la oportunidad para vivir por algo verdadero?, Bien, pues la riqueza material no es algo que te haga mejor y sí en cambio te estaba llevando por senderos degradantes, incluso a las personas que te rodeaban, es por ello que puse fin a esa situación.

Y como haz confiado en Mí a pesar de todas las circunstancias adversas en las que te has encontrado y a pesar de mi silencio haz sabido ver Mi Mano en las pequeñas cosas que he hecho por ti, y que cuando todos en tu entorno han querido hacerte dudar y no has dudado sino que sin verme, sin oírme, sin tener la certeza de Mi existencia has sido fiel yo te digo que saldrás en el momento que me lo pidas porque Yo soy el Dueño del Universo y mis siervos por pequeños que sean son más grandes que los reyes del mundo.

Ahora sabes que Soy y tendrás la certeza que buscaste durante veinte años, me perseguiste, me has buscado y ahora sabes que me empezaste a encontrar desde el momento aquel en que creíste en mi existencia"

Colibrí despertó llorando de felicidad, ahora de pronto comprendió porque estaba en aquella situación, de pronto ya no sintió ningún pesar por las cosas que había perdido y si un infinito agradecimiento para con Dios que le colmaba de cosas valiosas, de riquezas inconmensurables.

Ahora se daba cuenta de que estaba adquiriendo cosas más valiosas, estaba accediendo a un mundo más bello y de riquezas que nadie te puede arrebatar, que no se marchitan con el tiempo y que ni la misma muerte tiene poder sobre ellas.

Pensó que la vida es un valle de oportunidades, de retos, de ocasiones para ser gigantes o enanos.

Que en la vida se nace cual gusano y en el trafago de la vida podemos simplemente batirnos en el lodo o en la crisálida del sudor y la virtud elevarnos al mismo cielo.

Se dio cuenta de que en su mente Isis había completado el cuerpo de Osiris y este venía a la vida trayendo la luz y comprendió las cosas oscuras que había leído, ahora entendió con claridad el Bhagavad Gita, a Santo tomas, a San Agustín.

Ahora asomándose a través de una pequeña rendija miro la inmensidad del cielo y constató la existencia de Dios en cada cosa que se mostraba a sus sentidos.

Ahora la lógica, la razón, le daban objetividad a sus intuiciones, le daban sustento a su instinto que le gritaba la existencia de un algo más grande que todo lo existente.

Ahora todo lo que había leído de filosofía tomaba sentido, no había contradicción sino en cosas superfluas, en apariencia, en palabras que los no avezados interpretan mal. Ningún filósofo ha defendido que el vicio sea una virtud o que sea bueno ser vicioso o malvado.

Ningún filósofo ha defendido los excesos en comer o beber.

Aunque todos los filósofos tienen algún error, también todos tienen algo de verdad, y solo son diversos puntos de vista del mismo todo, en la filosofía como en todo solo hay orden y evolución metódica.

Ahora si Colibrí estaba feliz porque sabía que estaba construyendo un nuevo mundo indestructible y ahora en verdad empezaba a ser rico.

Capítulo XI
Sueños y otrascosas.

El 12 de Diciembre Colibrí empieza a escuchar los grillos cantar y sabe de alguna manera que le llaman para que salga en su cuerpo astral y así lo hace y se empieza a elevar y observa que hay otros individuos también elevándose.

En el cielo se observa que ese día había conjunción de astros y luna llena, totalmente propicios y mientras continua elevándose ve como el resto de quienes han hecho el intento se quedan rezagados pero el simplemente toma más velocidad hasta verse en el atrio de un gran templo y mirar con asombro a cientos de seres luminosos.

Colibrí comprende que está en un templo astral en una dimensión diferente y por encima de la tierra, sus compañeros lucen como de oro algunos y otros con tintes azules y de otros colores como de vidrio soplado así de sutiles y bellos, son miembros todos de las huestes de luz, ángeles de diversas categorías.

Ahí es ungido como un miembro de las huestes celestiales, ha pasado por pruebas mentales, astrales y físicas y ha vencido, por ello recibe la piedrecilla con el nombre secreto y la señal que le hace reconocible a todo ser de luz.

Si, Colibrí previamente tuvo otros `sueños` donde tuvo que escoger entre muchas puertas la de la muerte que lleva a la vida, donde tuvo que tener el valor para atravesar el pantano de oscuridad y horror donde miles de espantos están ahí tratando de atrapar a quienes se atreven a cruzar las tinieblas en busca de la luz, tuvo que llegar al espacio de `aquí no pasaras`, también fue al lugar iniciático de la pirámide y pasó las pruebas.

Muy difícil fue saber que tienes la oportunidad de poseer riqueza y lo que desees solo con pactar con el mal y resistir a pesar que la opción no es la vida sino la muerte.

Otrodíaelradiantesolbañaa Colibríquecontodaalegríasabequeprontotendrála libertad quién sabe como pero lo sabe, está inmensamente feliz porque se sabe ya un hijo reconocido de Dios.

Ese día Roberto G.F. le confiesa que ha sido contratado para asesinarlo pero que no se atreve porque sabe que sería un atentado contra la misma luz, Colibrí le dice que no tema porque pronto lo pondrá en libertad.

EnlossiguientesdíasColibrísanaa unciego, sacadelvicioa FernandoE.elcual solo cuenta con escasos 18 años, cura de algunas dolencias a algunos y hace que otros vuelvan a tener confianza en Dios, que se comporten como hermanos, como seres humanos, el Espíritu Santo que le ha invadido le da poderes para auxiliar a sus compañeros luego de unos días en ese estado decide que debe ocultar esos poderes porque además no quiere hacer mal uso de ellos.

De cierta manera también se siente algo asustado porque puede
escuchar los pensamientos de sus compañeros, ver el astral propio y de
las demás personas, experimenta la supra consciencia pudiendo
escuchar y ver a distancia incluso a esos que no tienen voz pero si modo
de comunicarse como los árboles y la vida en sus diferentes formas, si,
piensa es mejor dormir esos poderes para poder entenderlos un poco más
y solo usarlos en casos de necesidad extrema.

Capítulo XII
Los visitantes misteriosos.

La felicidad no está en las cosas, ni depende de ellas, es un estado
emocional que depende de nuestra percepción del mundo.

¿Quién, teniendo a la vista tesoros inmensos pondrá reparos en
dolores y trabajos?

¿Quién, estando enamorado pensara que existe lo imposible?

Así, cuando tienes a la vista el mundo trascendente, lo terreno se vuelve
insustancial, quimérico, ilusorio.

Colibrí se levanta feliz y por primera vez en su vida disfruta una libertad
verdadera, más allá de los límites del cuerpo, una libertad que los
barrotes ni las bardas pueden aprisionar.

La libertad física es la menos valiosa de las libertades, existen personas
libres como el viento que no vuelan porque están aprisionadas con sus
grilletes mentales, sus prejuicios, paradigmas, sentimientos y
pasiones.

La libertad que te otorga la Verdad es tan grande que te libra de las fauces
no solo del mundo sino aún de la misma muerte.

Ahora Colibrí se dispone a disfrutar y aprender de su estadía en aquel
lugar, el infierno terrenal.

Ya tiene la certeza de que en el momento en que lo pida saldrá de este
lugar, ahora es tiempo de escuchar y aprender.

A media mañana recibe visitas, unas personas le piden les acompañe a un
lugar propicio para dialogar.

Colibrí los lleva a un área restringida llena de árboles y un pequeño
estanque donde se cultivan tilapias.

Los personajes le informan que llevan una misión, pero antes deberán
hacer unas preguntas y desean saber si está dispuesto a responder.
Colibrí les contesta afirmativamente.

Los visitantes sin más preámbulos preguntan;
¿Cuál es el origen del Universo, crees que se originó del caos?

Colibrí responde; En la lógica existe el principio de no contradicción,
porque la contradicción se anula a sí misma.
Caos significa desorden.

Universo significa las distintas versiones del Uno, o sea orden.
El desorden no puede generar el orden, como el trigo no genera
duraznos ni peras. El Universo es orden, todo está sujeto a leyes;
físicas, mecánicas, químicas, etc.,

Los físicos, químicos, biólogos, matemáticos, etc., los científicos en
general tienen amplio conocimiento de las cosas, situación que sería
imposible de saber si estuviésemos sujetos al azar, al caos.

Imposible hasta el infinito sería el caso de poder engendrar al Universo a
partir del caos y acumular tal cantidad de aciertos para que los mundos
giraran en un concierto admirable y en el nuestro planeta lleno de
maravillas donde solo la variedad de insectos se cuentan por millares.

**En el caos se podría quizá formar una hormiga, pero ¿una colonia de hormigas?,
¿un millón de colonias de hormigas?, ¿generándose por millones de años
viviendo en un mundo insólito lleno de especies diversas?**

**Si observamos la naturaleza toda ella está inmersa en la ley, el orden, nada está al acaso, a
la eventualidad, sino al contrario al orden, a la ley.**

Luego fácilmente se ve que el caos no es el origen del Universo sino una Mente Maestra que esta atrás de todo lo existente.

Visitantes; De cualquier manera algunos afirman que el Universo es un caos y que solo nuestra percepción le otorga orden.

Colibrí; ¿Nuestra percepción será la que genera hormiga tras hormiga? ¿Acaso la percepción humana es la que sujeta a los mundos a sus órbitas y a las cosas a las leyes genéticas, etc.?

La percepción es algo subjetivo y personal que no afecta a la realidad objetiva.

La percepción es lo que cada uno ve y alcanza a comprender. La realidad objetiva es lo existente lo percibamos o no.

Luego entonces el caos solo existe en la mente del observador que no alcanza a comprender el orden trascendente del Universo.

Visitantes; ¿Qué piensas de los ateos?

Colibrí; Primeramente los ateos no son de fiar puesto que para hacer daño solo los detiene el temor a la fuerza objetiva, el creyente sabe que su Creador le observa. Y por otro lado los ateos son seres a los que hay que tener lastima, solo hay que ver lo que opinaba un gran filósofo ateo; Sartre;

¨El hombre está condenado al fracaso, la existencia es absurda, el hombre está de más en este mundo; viene de la nada y se dirige a la nada, el hombre es una pasión inútil´.

De verdad triste es el devenir de los ateos, hijos de una naturaleza ciega y su vida tan incierta como la de su padre el caos y al fin su destino es desaparecer en la nada.

Los visitantes continuaron con sus
preguntas;
Luego entonces ¿cuál es el origen
del Universo?

Colibrí; Sin duda alguna existe una Mente Inteligente que es la fuente de todo lo que
existe y a la cual los filósofos de todos los tiempos han llamado de diversas maneras, a
saber; la Causa Primera, el Ser que Es, Supremo Creador, Dios.

Visitantes; ¿Que sustento tiene tu creencia?
Colibrí; Más bien mi sapiencia, porque se cree en algo que no se sabe con certeza que
existe, pero yo he constatado por diversos medios esa existencia.

Para empezar diré que desde niño presentí que había algo más allá de lo que mis
sentidos percibían, algo que mi instinto natural me gritaba era mi origen.
Posteriormente he tenido múltiples experiencias donde he sentido que algo me protegía
y me guiaba.

Me dedique entonces por espacio de veinte años a indagar sobre estas cuestiones y
como no soy hombre de fe, porque la fe se basa en la ignorancia y yo soy una persona
analítica, que razona, no me convencí por lo primero que leí sino que busque hasta
encontrar el suficiente sustento que convenció a mi razón de que y como es el
Ser Supremo.

Así leí sobre magia, esoterismo, religión, teosofía, masonería, filosofía, hasta lograr
captar con la inteligencia que tantas mentes extraordinarias entre ellas las de Sócrates,
Platón, San Agustín, Santo Tomas de Aquino, Netzahualcóyotl, etc., no podían estar
erradas.

Llegue al convencimiento intelectual pero ni aun así lograba captar la esencia de
esa Divinidad hasta que estando en estas circunstancias he tenido vivencias que
llamare sueños pero que en realidad son experiencias en el ámbito astral y
espiritual, cosas por demás desconocidas para la generalidad y sobre las cuales
no entraré en detalles.

Pues bien, por estas experiencias se por mí mismo que Dios Es.

Visitantes; Bien, tú estás seguro, ¿pero tienes alguna argumentación lógica?

Colibrí; Claro quesí.

Primeramente todo en la naturaleza tiene causa, ¿cuál es esa primera causa?

La exogénesis.- Los vivientes somos, pero no nos creamos a nosotros mismos ni una naturaleza ciega o caos pudieron ser nuestros engendradores, sino una Inteligencia maravillosa fuera de toda proporción humana.
Nuestra existencia proviene de fuera de nosotros.

La finalidad; Las cosas existentes no tenemos nuestra razón de ser en nosotros mismos, sino que esa razón está más allá de nosotros, precisamente por ello no somos plenamente felices aun en la abundancia porque necesitamos ese algo que nos llene y nos dé el gozo y la paz perfecta, todo ser en la naturaleza persigue algo que está fuera desí para complementarse.

En el orden teleológico; Vemos como algo inteligente nos hizo porque existen órganos que no utilizamos sino muchos años después, esto habla de previsión de necesidades futuras. Las semillas tienen en si la potencia que se desplegara en un tiempo futuro, eso evidencia con claridad una mente previsora.

Si observamos con atención en la naturaleza podremos observar miles de ejemplos de previsión que denuncian la existencia de una Mente previsora.

También podemos deducir que alguien previsor sujetó todo el Universo a leyes para mantener el equilibrio y el orden.

En fin, tanto prodigio existiendo delata, grita, que un extraordinario artista les hizo.

Ahora que no tengo fotos o videos, ni siquiera constancia de un notario, pero tampoco las tengo del viento, de la luz, ni de la fuerza que ejercen los imanes, nadie ha visto la fe, la esperanza, el amor y sin embargo todos de alguna manera sabemos que existen y de Dios tengo más evidencias y certeza que de estas y todas las cosas del mundo.

Visitantes; Y quién es ese Divino Creador, porque algunos dice que es Cristo, otros que Jehová, Alá, Brahama, Ometéotl, etc.

Colibrí; La humanidad ha adorado a Dios según su estado evolutivo, así los poco avezados adoran a las fuerzas naturales como el viento, el rayo, etc.

Los que no alcanzan a captar lo sutil necesitan adorar objetos, ídolos, fetiches.

Más adelante la gente transformo a sus héroes en dioses algunos de los cuales son todavía motivo de culto.

Los monjes tibetanos llevan contabilizados más de nueve millones de nombres con los que la humanidad conoce a Dios, Jesucristo le llamó Padre y en la Biblia se le menciona con cuando menos cincuenta nombres diferentes.

Esto lo que me dice es que Dios se ha comunicado con todos los pueblos en todos los tiempos, para ayudarnos en nuestra evolución.

La pretensión de algunos pueblos por decirse los elegidos es pura ignorancia, puesto que así como los judíos, los hindúes, los mayas, los incas, los aztecas, los romanos, también fueron ungidos por Dios, eso solo lo hace un Padre que quiere que todos sus hijos se sientan los preferidos.

Por lo que el verdadero nombre de Dios nadie lo conoce, así lo confesó Cristo al referirse a El simplemente como Padre.

Jehová no es un nombre, es una palabra compuesta que significa; El Ser que Es,
¿Quién es?... El que Es.

Alá, Brahama, Ometéotl, significan; El Supremo Creador y Rey del Universo, El Padre-Madre de toda la creación.

Visitantes; ¿Quién es el primogénito y unigénito de Dios?

Colibrí; Dios es supremamente opulento, Infinito en Poder y Gloria, luego, es claro, que solo quien tiene límites engendra de uno en uno y se frustra en su creación.

Estas cosas solo son una invención de Juan el evangelista primo de Cristo, el Maestro dijo; Todo aquel que hace la voluntad de Dios es hijo, lo dijo de varias maneras y varias veces, luego quien contradiga esto, solo tuerce la verdad.

Pero además para reforzar esto diré que han existido antes y después de Cristo miles de hijos de Dios mencionare algunos tano más grandes que Cristo;

Krishna existió miles de años antes que Cristo y dejo una enseñanza completa plasmada en el Bhagavad Gita principalmente, mil millones de personas siguen su doctrina. Buda existió seiscientos años antes de Cristo y hoy día siguen su camino ochocientos millones de personas.

Mahoma vivió seiscientos años después de Cristo y actualmente es la religión con más seguidores en el mundo; mil doscientos millones de personas en todo el mundo siguen la doctrina del Islam.

Así podría seguirme con Lao Tse, Confucio, Hermes, Huitzilopochtli, Quetzalcóatl, Zoroastro, Mahatma Gandhi, Rama, Hércules, etc.

Inclusive muchos de estos hijos de Dios se dice fueron concebidos por vírgenes, lo cual debemos creer si creemos la concepción virginal de Cristo o de todos dudar por anticientífico, algunos de ellos son; Buda, Hermes, Baco, Adonis, Hércules, Codom, Huitzilopochtli. etc.

Como se ve la afirmación de Unigénito la hacen sin fundamento.

Sobre la primogenitura; La Biblia y la misma iglesia católica dicen que Luzbel fue el primer hijo de Dios, con ello sola se contradice.

Ahora bien si preguntamos a los hindúes, dirán que Krishna, y así cada iglesia tendrá su propio primogénito y con el mismo derecho y autoridad que los cristianos.

Por otro lado Cristo no necesita de exageraciones para ser grande, nadie podría negar su grandioso ejemplo de amor y lealtad a Dios ni lo sublime de su mandato; Amar a los demás como a sí mismo.

Visitantes; ¿Cuál es la religión verdadera?
Colibrí; En primer lugar religión significa; volver a ligar, esto es; restablecer la unión entre nosotros y Dios.
Esto solo se da en nuestro templo interior, lo exterior es irrelevante.

Millones asisten a diario a las iglesias y siguen maldiciendo y mal obrando, persiguiendo a sus congéneres y dejándose arrastrar por el instinto, las pasiones, los vicios.

En todas partes del mundo hay gentes buenas y malas independientemente de la religión que digan profesar.

Luego con esto se comprueba que todo aquel que verdaderamente cree en Dios trata de ser bueno, justo, verdadero, recto, aun siendo católico, judío, cristiano, musulmán, budista, Ometecutli o hinduista.

El humano inteligente no hace diferencias por razones de credo sino de prácticas.

El sabio llama y trata como hermano a todo aquel que practica lo recto, justo, verdadero y bello independientemente de su raza, credo, nacionalidad, sexo, etc.

Visitantes; ¿Porque se da la confrontación entre las distintas creencias?

Colibrí; Por la maldad y la ignorancia.
La maldad de los líderes religiosos que desean mantener el control de sus feligreses.

La ignorancia de las masas que no captan que lo importante no es;
--Si te pones en posición de loto, postrado, acostado, hincado. etc.
--El nombre que le das a Dios.
--Como te llames, cual sea tu iglesia, cuál es tu libro santo; El Corán, el Bhagavad Gita, Suprema Luz, Biblia, etc.
Sino lo que hablas, lo que haces; el Bien o el Mal.

El cristiano, musulmán, católico, ateo, o de cualquier credo, si miente, mata, roba, discrimina o ejecuta cualquier acto de maldad es un siervo del mal.

Todo ser que practica el Bien, es siervo de Dios sin ninguna distinción adicional.

Los verdaderos hijos de Dios se reconocen porque su palabra y su acción van encaminadas al Bien.

El Papa Juan Pablo II se reunió con los líderes de todas las religiones importantes del mundo para dar este mensaje.

El semejante es todo aquel que practica lo justo aun cuando sea extranjero, de distinta preferencia sexual, de creencia diferente, de otro partido político, fan de otro equipo de futbol, etc.

Lo importante no
es el rito sino;
Servir a la
familia.
A la sociedad.
Al mundo.

Para con ello servir y demostrar tu amor a Dios.

Los fanáticos odian en vez de servir, se atragantan de orgullo olvidándose de la humildad y del amor que deben prodigar.

Cegados por la soberbia atosigan con palabras que no entienden sacadas de un libro que sus líderes interpretan y entresacan a modo.

Visitantes; ¿Eres enemigo de las iglesias, en especial de la católica?

Colibrí; Al contrario, sin la existencia de las iglesias el mundo estaría sumido en la barbarie, en el completo caos. Se perfectamente que las iglesias sirven a Dios a veces a pesar de sus líderes ya que algunos se pierden en el laberinto de sus pasiones y ambiciones.

La iglesia católica a pesar de sus graves yerros ha servido grandemente a la humanidad y a Dios.

Es una mejor iglesia que otras que no tienen instituciones para apoyar a niños, ancianos, enfermos.

Critico lo que no está apegado a la verdad y a la justicia pero tan no soy enemigo de nadie que entre mis maestros más queridos están; San Agustín y Santo Tomas de Aquino y entre las personalidades que más admiro esta Juan Pablo II.

Visitantes; ¿Cuáles son los atributos de Dios?

Colibrí; Dios es la Suprema Verdad.
=EselúnicoserqueEs.(ElUniversoescontingente,notieneexistenciaporsímismo)
=Es Omnímodo, porque posee todas las formas.
=Omnisciente, nada está oculto a sus ojos.
=Increado.
=Perfecto.
=Inconmensurable, porque es imposible de medir.
=Inmanente,porqueeselsustentodetodoser,entodotienepresencia.
=Eterno.
=Inmóvil, porque Él es todo el espacio.
=Inefable, no se le puede describir con palabras.
=Irrepresentable, no existe forma de representar lo inefable, lo infinito, lo ininteligible, lo
que no tiene forma y encierra todas las formas, por ello es una aberración la idolatría y
querer representarlo con figura mortal, pequeña, débil.

Colibrí menciono otros atributos de Dios que no consignaré aquí porque son materia de
conocimientos másavanzados.

Visitantes; ¿Cómo has llegado a este conocimiento?

Colibrí; En mis ¨sueños¨ tuve vivencias donde se me enseñó.

Capítulo XIII
La razón de vivir.

Cientos, quizás miles de pájaros habían invadido el espacio donde estaban charlando Colibrí y los desconocidos, estaban por doquier como escuchando lo que se hablaba pues se mantenían quietos y callados.

Los visitantes convinieron en hacer una pausa para comer y así lo hicieron mientras los pajarillos se mezclaban entre los comensales departiendo alegremente y sin temor alguno comiendo las migajas que se les ofrecían.

Habiendo terminado de comer los visitantes dijeron, continuemos;

Visitantes; ¿Qué utilidad práctica tiene saber que Dios existe?

Colibrí.- Es crucial para un ser que razona saber para que vive, cual es la razón de existir. Un barco en altamar sin brújula y sin timón está perdido, como los hijos del caos; sin origen y sin destino, confundiendo el bien con el mal, dependiendo de la ciega y azarosa fortuna.

Saber que Dios existe es tener la certeza del origen y destino que tenemos y debemos buscar.

La cabeza deja de dar vueltas y ahora con certeza puedes vivir, también explica todo lo que antes era inexplicable y confuso.

Me dice claramente cuál es mi posición en el Universo, cual es mi trabajo, a donde debo encaminar mis pasos, cual es mi razón de existir.

Visitantes.- ¿Hacia dónde encaminarás
tus pasos?

Colibrí.- A la conquista de riquezas
verdaderas.

Visitantes.- ¿Cuáles son esas riquezas?

Colibrí.- En primer lugar ya desde niño discernía que las riquezas perseguidas por la generalidad de las gentes no tenían una sustancia verdadera y que no valían la pena, pero no encontraba el sustento que les diera objetividad a mis reflexiones. Ahora veo todo claramente.

Las personas en su evolución van captando lo que está a su alcance, así las personas cuyo estado espiritual es primitivo persiguen objetivos infrahumanos; sustento, sexo, sobrevivencia. Son las cosas del instinto más que de la razón.

Los humanos buscan objetivos superiores que captan con la razón; Dinero, salud, amor mundano, poder, fama, conocimiento, cosas para satisfacer al ego.

Algunos más inteligentes persiguen desarrollar ciertos poderes que permanecen en estado embrionario en la generalidad y que son motivo de estudio por las ciencias esotéricas, también son para satisfacer al ego falso.

Pero el alma que se ha encontrado a sí misma, conociendo su verdadera naturaleza persigue riquezas que son como ella; eternas.

El alma que ha despertado ve las cosas del mundo con otros ojos, los ojos físicos ven como iguales a las cosas del mundo porque a él pertenecen.

El alma ve lo trascendente como su igual y a lo perecedero y vano lo ve así, sin disfraz.

Luego es natural que persiga lo supremamente valioso, el Bien Perfecto, y este es sin lugar a dudas; Dios.
Como dijo el filósofo Blas Pascal;
¨El alma desea hacer de Dios su camino, su objeto y su fin último¨

Por otro lado Dios es quien me hizo, quien me dio la capacidad de percibir, quien me ha bendecido de mil maneras sin pedirme nada a cambio y al cual aunque quisiera no puedo ofrecerle nada verdaderamente mío porque todo lo que poseo El me lo ha prestado; mi cuerpo, mi inteligencia, mis goces y mi capacidad de gozar, la vida misma, incluso mi voluntad, porque Él nos otorgó la libertad de acción, de amarlo o no.

Luego hoy quiero sobre toda cosa, el amor de Dios.

Por ello me he comprometido a tratar de ser Recto, Justo, Verdadero y Bueno, porque quiero ser agradable ante los ojos de Dios.

Visitantes; ¿Que otras riquezas trascendentes hay?

Colibrí; Además del Amor Divino.
=La vida eterna.
=La Sabiduría trascendente.
=La salud espiritual.

Visitantes; Ahora dinos ¿qué cosas no te explicabas?

Colibrí.- El porqué del dolor, la infelicidad, la enfermedad, la vejez, la muerte.

Visitantes; Y ¿cuál es la razón de que existan?

Colibrí.-Paraelcrecimientoy experimentacióndelalma,lacualnosufredañoalguno porque es indestructible e inmortal porque es Dios mismo en nosotros, una chispa divina.

Ademásqueel sufrimientovienedelapercepciónquetenemosdelascosas,cuando nuestra vista se eleva, cuando entramos en posesión de la verdad el sufrimiento termina y la muerte deja de existir.

Visitantes.- Y ¿cuál es la razón de existir?

Colibrí.-Por la razón del Ser que Es.

=Paraexperimentarlavida.
= Desenvolver nuestras potencias y ejercitar nuestras fuerzas.
= Para llegar a ser conscientes del ser que somos.
= Para tomar nuestro lugar en el Universo en forma consiente.
= Para transformarnos en el ser que podemos y debemos ser.
=ServiraDios,contribuyendoen laObra Divina en forma voluntariayconsciente.

Los visitantes se pusieron de pie y exclamaron;

¡Sin duda eres uno de los nuestros!

Colibrí inquirió; ¿Y quiénes son ustedes?

Los visitantes pusieron al descubierto los símbolos y distintivos que portaban y alguno de ellos traía un crucifijo, otro sus símbolos masones, otro la rosacruz, y algunos otros traían símbolos desconocidos para Colibrí.

Los visitantes dijeron; Somos los Guardianes del Universo.

Colibrí recordó haber leído en alguna parte de la Biblia una mención de ellos, en algunos librosesotéricosalgunapequeñareferencia,peroenrealidadnada concreto.

Los visitantes le explicaron su origen, su función en el mundo y le ofrecieron la oportunidad de ser formalmente incorporado a sus filas en calidad de discípulo avanzado, a lo que Colibrí accedió.

Colibríluegopreguntó cómoeraquehabíanentradoahí yleexplicaronquenadie los podía ver excepto él y que quién estuviera viendo la escena solo lo verían a él charlando a solas, le explicaron cómo podían interactuar operando en un espacio interdimensional.

Colibrí les preguntó si podían ayudarlo a recuperar su libertad y los guardianes le dijeron quesi,queporesoestabanahíprincipalmenteyqueprepararatodo, que siguiera acudiendo a ese sitio para enseñarle algunas cosas y decirle como lograría su libertad.

En los siguientes días estuvo acudiendo en cuanto podía al sitio que además estaba lleno de árboles y se prestaba para pasar desapercibido.

Ahí se encontraba siempre con uno de los visitantes al que simplemente conocía como su `contacto` que entre otras cosas había que decir que era el que había sido designado por estar más cerca de su evolución mental y espiritual porque la mayoría de ellos tenían un nivelsinceramentemuysuperioracualesquierhumanoexistente.

Acerca de los Guardianes se hablará en la continuación de este relato en un libro posterior pero por de pronto se dirá que son seres evolucionados de la misma Galaxia que están presentes en todo momento para cuidar la vida sobre la tierra.

Capítulo XIV
Últimas pruebas.

El `Contacto` le enseñó a Colibrí ciertos ejercicios para recordar sus vidas pasadas que serán consignadas en el siguiente libro, también algunos otros ejercicios para desarrollar ciertas potencias que le servirían para las siguientes tareas en este mundo.

Colibrí se dio a la tarea de ejercitarse más por la noche que en el día para que no pudieran alertarse sobre sus planes.

Pasados unos días Francisco Medina un asesino que estaba en uno de los galerones lo encaró y sacando un puñal intentó herir a Colibrí pero este había adivinado sus intenciones así que con rápido movimiento lo desarmó y lo sujetó con un brazo mientras con el otro le puso a Medina el puñal sobre el cuello, Medina se puso lívido pensando que ahí acabarían sus días sin embargo Colibrí lo soltó y le regresó el puñal y le dijo vete no te quiero matar. Medina todo tembloroso se fue como en shock.

A los pocos días volvió Medina con otros ocho individuos para realizar el trabajo que le habían encomendado, Colibrí al verlos sintió morir pero continuó caminando hacia ellos pensando que Dios era quién tenía el poder sobre la vida y la muerte, resignándose a su suerte.

Al continuar caminando Colibrí se determinó a morir como un valiente así que cuando Medina le dijo venimos a matarte, Colibrí ya repuesto le dijo; ¿Quiénes? porque yo solo te veo a ti.

Medina se paró lleno de espanto volteando a los lados para cerciorarse que si venían sus compañeros junto a él y un poco repuesto al verlos volvió a decir; venimos a matarte.

Colibrí mirándolo fijamente le dijo; aquí tú te vas a morir primero, Medina de pronto se sintióllenodeespantoy retrocedióa loquelosdemásseespantaronydeprontose echaron a correr, el resto de la gente que estaba presenciando todo aquello se quedó impactada de aquel hecho de valor incomprensible.

Posteriormente se enteró que el grupo que lo había intentado atacar decía haber visto en torno a Colibría muchos individuos demasiado espantables.

Luegodeaquello Colibrídecidióqueeraelmomento para tomar la jefatura de los recluidos (gente que tenían para trabajar el campo y procesar la droga) que eran en total unos doscientos en cuatro galerones así que fue a retar a los jefes de cada galerón.

Les fue a retar a muerte, así por puro gusto de morir, todos los que estaban ahí eran asesinos y maleantes que de una u otra forma habían trabajado para la organización y   habían fallado o eran de algún grupo contrario y los tenían sujetos a trabajos forzados y en capilla algunos para ser asesinados o ser usados para trabajos en el mismo sentido.

Tan decidido vieron a Colibrí que simplemente se le rajaron y Colibrí organizó y puso nuevos jefes en cada galerón para preparar el movimiento siguiente.

Dispuso que algunos de aquellos individuos que simpatizaban con él acudieran para platicar en privado e indicarles ciertos ejercicios para estuvieran listos para la acción que se avecinaba.
Así esperoelmomentoestudiandoa fondoel lugary sus posibilidades.

Capítulo XV
La fuga.

UnosdíasantesdecumplirunañoenesascondicionesColibrírecibióaunodelos visitantes, al `contacto`, que le informó la fecha en que debía realizar la fuga y le dijo las condiciones que serían propicias; El día señalado por la madrugada iban a descuidar la guardia porque convocarían a todo el personal para enfrentar a un grupo contrario que los atacaría.

Alertado Colibrí dispuso todo y llegado el momento como a las dos de la mañana notó movimientos y escuchó como aseguraban aún más las puertas sin sospechar que ya se tenía la ruta de escape trazada.

Colibríesperohastaquenoescuchóruidosy supoqueeraelmomento,avisóalos compañeros que mediante diversas maniobras había concentrado en el mismo galerón que él y simplemente desprendieron una parte de los tablones de una de las paredes en la cual previamente habían trabajado para ese día.

Salieron sigilosamente y se fueron directamente hacia la alambrada y sí, todo era propicio había una neblina suficientemente espesa para que no les vieran y llegados a la alambrada la cortaron usando las herramientas que habían enterrado convenientemente al pie de un árbol.

Salieron y tomaron una vereda que Colibrí había memorizado de un mapa que el visitante le facilitara.
Colibrí y treinta y dos individuos más caminaron toda la noche nunca hacia la carretera que no estaba tan lejos sino hacia la montaña por veredas para animales montaraces, continuaron caminando sin descanso hasta cerca del medio día en que vieron un pequeño poblado al cual solo arribaron Colibrí y otro de los individuos para no despertar miedos.

Ahí Colibrí le explicó al lugareño que habían salido de caza pero se habían extraviado, ya tomada la confianza pudieron pedir la ayuda del lugareño que accedió a proporcionar comida y agua para todos.

Ahí Colibrí ratificó la ruta hacia la carretera que les llevaría a Uruapan (El lugar donde los habían mantenido secuestrados era en la sierra por el municipio de Aguililla), después de dormir unas horas antes de la una de la mañana se pusieron silenciosamente en marcha y no pararon hasta llegar cerca de Apatzingán donde en pequeños grupos se adentraron a la población y tomaron los rumbos que más les pareció.

Colibrí se fue a Uruapan y de ahí se dirigió a Guadalajara desde donde abordó un camión para ir al lugar donde los `Visitantes` le habían indicado que le esperarían; el Volcán de Nieve de Colima que en realidad está en territorio de Jalisco.

Una vez en las faldas del volcán Colibrí caminó hacia el lugar donde había buena cantidad de pinos y ahí de quién sabe dónde surgió su `Contacto` y le indicó que le siguiera y ante sus ojos apareció la entrada de una cueva a la cual entraron.

Ahí vio un lugar paradisiaco lleno de árboles y un arroyo cristalino que corría al largo de un valle, allí había una serie de cabañas de diversos tamaños y lo llevaron ante el Comandante de los Guardianes quién le dio la bienvenida y le dijo que ahí permanecería hasta completar mil días incluyendo el tiempo que estuvo secuestrado paraque completara el ciclo de instrucción y le preguntó a Colibrí si estaba conforme, Colibrí asintió.

En los próximos meses hasta completar los mil días Colibrí permaneció en ese lugar recibiendo instrucción de diversos Maestros.

Cumplido el tiempo reunidos los Guardianes despidieron a Colibrí dándole el encargo que por fin le daba rumbo claro a su vida.

Ahora Colibrí se despedía de sus compañeros sabiendo por propia experiencia que la muerte no existe pues había recobrado la memoria de sus vidas de los últimos quinientos años.

Había recordado la misión motivo de su vida actual y no solo eso sino que ahora estaba con el conocimiento para llevarla a cabo.

Salió de la cueva cuya entrada desapareció para los ojos humanos, si, ahora sabia Colibrí que las puertas dimensionales existen y siempre contaría con el apoyo de las huestes de luz de esta y otras realidades.

Colibríempezóacaminarhaciasudestinoquesindudaserálaeternidad.

FIN.

Printed by Books on Demand GmbH, Norderstedt / Germany